AF233531

LE
ROYALISME DÉVOILÉ,

DIALOGUE.

LE ROYALISME DÉVOILÉ.[*]

DIALOGUE

Entre GRÉGOIRE, ami de l'ancien régime, et JÉROME, ami du gouvernement républicain.

Homo sum, humani nil à me alienum puto. TERENCE.
Je suis homme, il suffit : je m'intéresse aux hommes.

LE temps étoit doux, le ciel étoit sans nuages ; je saisis cette circonstance pour respirer l'air des champs. Dégagé de tout soin, de toute inquiétude, je résolus d'employer les heures que j'allois passer à la promenade, à ne méditer que sur les grands évènemens de la révo-

---

[*] Ce petit ouvrage m'a été envoyé il y a bien quinze jours par un de mes amis : avant de le mettre à l'impression, il me prioit de le communiquer aux personnes que je connoissois en état d'en juger, et d'y faire, d'après leurs observations, sans toucher au fond, les changemens et corrections nécessaires pour le rendre plus sup-

"

lution. Pour être plus avec moi-même , je cherche un asyle où je n'aurai point à craindre la rencontre de quelque importun, et le hasard me favorise en portant mes pas vers les plus charmans bosquets que j'aie vus ; quoique dépouillés de leurs ornemens et sans grâces , ils étoient agréables encore. Eloignés de toute habitation , que ces lieux étoient solitaires ! il y régnoit le silence le plus religieux ; seulement de petits oiseaux , que ma présence sans doute avoit surpris , voltigeoient légèrement de branches en branches ; seulement , de petits ruisseaux , dont le mouvement étoit moins un bruit qu'un doux murmure , gazouilloient autour de moi; seulement enfin un léger vent d'orient agitoit mollement les branches nues des arbres.

A peine je fus entré dans cette paisible solitude , qu'une douce mélancolie s'empara de mon ame ; cependant je gagne le bord d'un

---

portable. J'ai satisfait aux désirs de mon ami ; son ouvrage est resté le même : seulement de légers changemens et quelques corrections , qui ne regardent nullement le fond , ont été faits par les seules personnes consultées. Je n'y suis donc pour rien. S'il renferme quelque chose d'agréable ou d'utile , pour ne point ressembler au geai de la fable , j'ai dû faire cette déclaration. *Note de l'éditeur.*

des ruisseaux, j'en considère le cours rapide, et de suite, perdant de vue l'objet sur lequel je m'étois d'abord proposé de méditer, je le compare à la vie de l'homme. Ainsi nos jours s'écoulent, disois-je en moi-même ; ainsi passent-ils, pour ne revenir jamais.

Je faisois ces réflexions ; tout-à-coup un grand vent d'ouest s'élève ; des nuages épais couvrent aussitôt l'atmosphère ; une pluie abondante tombe, je suis forcé de me retirer. Je cherche un abri, je cours vers le chaume le plus voisin. Deux individus que je ne connoissois point, comme moi surpris, y étoient accourus. Entré dans la pièce voisine de celle où ils s'étoient retirés, il m'étoit facile de les entendre, et je compris que déjà leur entretien rouloit sur les affaires du temps. Curieux de savoir quelle est leur opinion, j'écoute ; quel fut mon étonnement ! j'entendis des choses que je méprisai d'abord, parce qu'elles me paroissoient incroyables ; mais ce qui se passe journellement sous nos yeux, et sur-tout la découverte de la conspiration royaliste, me les a fait regarder depuis si intéressantes, que j'ai cru qu'il étoit de la dernière nécessité de les faire connoître. Autant que la mémoire pourra me le permettre, narrateur fidelle, je vais donc rapporter mot pour mot tout ce qui a été dit par les interlocuteurs.

Là bonnement, Jérome, disoit l'un, dis ce que tu penses : est-ce que tu y tiens encore au patriotisme ?

Jérome. Comme à l'ordinaire. Mais pourquoi donc actuellement, maître Grégoire, cherches-tu à te rapprocher de moi après t'en être éloigné depuis si long-temps ? Parle.

Grégoire. Tiens, autrefois, avant ce temps où tu pris une place d'instituteur, nous étions amis ; tu n'étois pas un mauvais diable, et, ma foi, j'ai cru qu'en te faisant ouvrir les yeux sur ta sottise, tu reviendrois facilement, et que nous pourrions bien renouer notre ancienne amitié.

Jérome. Si tu veux que je t'entende, explique-toi.

Grégoire. Je vais donc te parler franchement : écoute. Si tu reste encore patriote, si tu ne changes tout de suite, n'en sois point surpris, t'es perdu.

Jérome. Comment cela ?

Grégoire. Tu le vois bien, ou au moins tu devrois bien le voir, que ceux que vous avez choisis pour vous gouverner, se sont tous moqués de vous ; que c'étoit pour eux, et non pour vous, qu'ils ont agi (1) ; car

____

(1) J'en connois, et ils ne sont pas républicains,

enfin ; quand ils ont eu besoin de vous autres patriotes , pour s'élever, se maintenir , ou se tirer d'un mauvais pas , ils vous ont monté les têtes , et par votre secours ils nous ont fait la loi ; mais ils vous en ont tant fait faire , ils vous ont tant fatigués , qu'ils ont bien pensé qu'ils n'auroient plus grand chose à attendre de vos efforts, que vous étiez bien las , en un mot que le temps de vos miracles étoit passé. Ils vous ont donc laissé là ; mais pour se soutenir ils ont eu besoin de se retourner ailleurs , et comme c'est aisé à comprendre , c'a été vis-à-vis de nous.

Jérome. Cela pourroit bien être : j'étois pourtant de bien bonne foi , et je les croyois bien sincères. Jamais , non jamais je ne les aurois soupçonnés d'un pareil trait et d'une telle imprudence.

Grégoire. Crois-moi , ne t'aveugle plus. Le

---

qui ont eu l'indiscrétion de dire que lorsqu'ils vouloient empêcher que l'on prît tel arrêté ou que l'on approuvât telle résolution , il leur suffisoit souvent d'appuyer ce qui avoit été proposé par le parti qui leur étoit opposé ; et lorsqu'ils vouloient au contraire faire passer ce qu'ils désiroient , il leur suffisoit de combattre ce qui avoit été dit par quelqu'un de leur parti. C'est ainsi donc que l'on se joue des hommes ! Fiez-vous après cela à tous les beaux dehors , laissez-vous séduire à toutes les belles apparences !

seigneur de notre village , son fermier et notre ancien curé , l'un des bons prêtres , m'ont bien mis au courant ; je leur ai entendu dire , un jour que je me trouvois avec eux au château , qu'il falloit que tous les coquins de patriotes , tous les administrateurs , tous les fonctionnaires publics , tous les acquéreurs de biens nationaux, d'église ou d'émigrés , enfin que tous ceux qui tenoient par quelque côté à la chienne de république, qu'il falloit qu'ils périssent tous (1) ; que d'abord l'on commençoit par se défaire des enragés qui se disoient encore bêtement républicains, et que le tour des autres viendroit après ; qu'ils avoient à leur manche des hommes assez décidés pour faire les expéditions ; qu'ils les payoient bien ; que d'ailleurs il n'y avoit rien à craindre pour eux, puisque quand ils se trouvoient pris , l'on trouvoit bien les moyens

---

(1) Il faut l'avouer , tous les ennemis de la révolution sont loin de partager ces principes atroces. Beaucoup sont attachés à leur parti , parce que telle est leur opinion , parce qu'ils le veulent ainsi ; mais pour le soutenir, s'il falloit répandre le sang de leurs semblables, ah ! sans doute, et j'aime à le croire , ils se sentiroient révoltés même à la seule pensée du crime. Oui, je le répète avec plaisir , oui , il est parmi eux des amis de l'humanité , des ames bien nées , bien bonnes , bien sensibles.

de les débarrasser, soit en les tirant des mains de ceux qui les conduisoient , ou en les faisant évader des prisons , soit en les faisant acquitter par des jurys d'accusation ou de jugement , ou enfin par le tribunal de cassation qui , imaginant ou profitant des défauts de forme glissés adroitement ou par négligence par des directeurs de jury , renvoyoit leur affaire devant des tribunaux dont il étoit sûr ; que seulement , pour que ça ne parût pas trop sensible , on en laissoit périr quelques-uns des moins protégés (1). Après cela , ils ajoutèrent (comptant bien que le gouvernement alloit être entre leurs mains , et que toutes les fonctions judiciaires, administratives et militaires alloient être remplies par des gens de leur parti) , qu'ils ne se cacheroient bientôt plus , et se débarrasseroient ouvertement de tous ceux qui auroient aidé à les abattre, à les proscrire , auroient renversé les palais , les châteaux , abattu les colombiers , détruit ,

____

(1) Le lecteur sera sans doute révolté de lire ceci : je le fus moi-même lorsque je l'entendis , et j'avoue franchement, malgré qu'on me l'ait assuré depuis, que je ne peux encore le croire. Si je le rapporte , c'est seulement parce que je ne veux rien taire de ce qui a été dit par Grégoire.

pillé ou profané les églises , brûlé ou assisté au brûlement des papiers féodaux; se seroient enrichis de leurs dépouilles ou auroient soutenu le maudit gouvernement en y prenant des places ; qu'il n'en échapperoit aucun ; que les uns iroient à la potence, les autres aux galères ou seroient voués à l'infamie (1); que depuis long-temps il y en avoit beaucoup qui se masquoient , et qu'il y en auroit sans doute encore bien d'autres , mais qu'ils n'en seroient

----

(1) Que certains acquéreurs de biens nationaux ne se flattent pas que la haine qu'ils ont toujours montrée contre la révolution les sauveroit de la poursuite des royalistes. Non : quels qu'ils soient et quelle que soit leur opinion politique ou religieuse , le rétablissement de l'ancien régime , en supposant que cela fût possible , outre leur proscription, entraîneroit de plus la ruine de leur famille ; parce que leurs héritiers seroient forcés, avec la répétition du principal , de payer encore les arrérages depuis l'acquisition , de telles acquisitions étant considérées dans le système royaliste , comme un vol réel fait à ceux qui les possédoient avant la révolution, les seuls et véritables propriétaires.

Acquéreurs de biens nationaux , qui vous élevez contre le nouveau gouvernement, que demandez-vous donc ? votre perte, la ruine de vos familles , et puis les gabelles, les commis, les pigeons, les dixmes, les corvées, et peut-être pis. Quel nom vous donner ? j'en appelle à vous-mêmes.

point dupes , et ne l'étoient pas même de ceux qui s'étoient avisés , pour mieux tromper, de blâmer, de tracasser et de poursuivre leurs anciens amis ; que les loups étoient toujours loups ; qu'il y avoit aussi dans l'assemblée bien des députés qui les servoient à leur guise ; qu'ils se les ménageoient (1) , mais que le moment viendroit où on leur rappelleroit leur conduite ancienne ; qu'on n'avoit pas même perdu de vue une seule de leurs motions dans les sociétés populaires avant leur nomination : qu'il y en avoit, par exemple un. . . . .

Jérome. As-tu bientôt fini avec toutes tes histoires ? Si ce n'est que je suis curieux de connoître jusqu'où. . . . .

____

(1) « Louis XVIII , écrivoit-on au conspirateur Le-
» maître, pourroit accorder le pardon à ceux qui , ayant
» voté la mort du roi , rendroient de si grands services,
» que ce seroit à leurs forces et à leurs actions que le
» roi devroit le rétablissement de la monarchie. *Corres-*
pondance saisie chez Lemaître, pag. 70, n°. 61.

Cette promesse du prétendant me rappelle ces vers de Brutus :

Je connois trop les grands : dans le malheur amis ;
Ingrats dans la fortune, et bientôt ennemis.
Nous sommes de leur gloire un instrument servile ,
Rejeté par dédain, dès qu'il est inutile,
Et brisé sans pitié , s'il devient dangereux.

(10)

Grégoire. Oh ! ne m'interromp point : pendant que je me rappelle , laisse-moi te conter jusqu'à la fin , puis après tu me diras.

Jérome. Eh bien ! je ne t'interromprai plus; continue.

Grégoire. Qu'il y en avoit par exemple un, je ne me rappelle pas du nom , mais je le crois de F. . . . se , qui avoit fait prendre un arrêté dans sa société populaire , pour inviter l'assemblée à porter un décret pour faire massacrer tous les parens d'émigrés au moment où l'ennemi mettroit le pied sur le territoire français , et même étoit venu en députation à C. . n pour y faire passer aussi ledit arrêté ; mais que cette société , apparemment composée d'hommes plus humains , malgré les efforts de l'orateur pour réussir , ne l'avoit pas écouté favorablement , et étoit passée à l'ordre du jour (1). Ils parlèrent encore d'un nommé Lomont et d'un nommé Doucet ou Doulcet , qui avoient crié bien fort dans les jacobins de Caen ; que ce dernier avoit présidé en 1792 le corps électoral à Bayeux, composé

____

(1) D'après les informations que j'ai faites , plusieurs citoyens, qui avoient été de la société de Caen, m'ont certifié le fait et m'ont appris que l'ardent et sanguinaire motionneur , je rapporte leurs propres termes, s'appeloit H. la R.

de tous enragés , comme il en étoit de toutes ces assemblées à la même époque. Ils parlèrent encore de bien d'autres dont je ne me souviens plus , et toujours ils finissoient par dire qu'ils ne feroient grâce à aucun; par fois seulement ils plaignoient les pauvres hères , comme ils disoient, qui s'étoient laissés entraîner ; que cependant ils verroient......
Jérome , voilà ce que j'ai entendu , et comme tu vois , je n'ai rien voulu te cacher (1).

Jérome. A dire vrai , du train que vont les choses.....

---

(1) Cette narration de Grégoire doit d'autant plus effrayer ceux qui sont intéressés à la révolution , ou y ont pris quelque part , que déjà une partie de ce qu'il a avancé a son plein et entier effet, et que pour être assuré de la vérité du reste , il suffit de l'expérience. Que l'on ouvre en effet l'histoire des révolutions anciennes et modernes , que l'on jette un coup d'œil sur la dernière révolution d'Angleterre , il ne sera pas difficile de s'en convaincre : lorsque Charles II, par exemple , soulevoit l'Europe pour ressaisir le sceptre échappé des mains de son père, il ne parloit que de clémence, de pardon, d'amnistie ; mais à peine l'eut-il repris , que , sous prétexte de venger la mort de son père , vous le verrez, pour me servir de l'expression commune des rois et de leurs courtisans, inonder son royaume du sang de ses sujets. Dans toute l'Angleterre , l'Ecosse et l'Irlande , il n'y eut peut-être pas une seule famille qui ne

Grégoire. Pense mûrement à tout ceci ; c'est sérieux ; en un mot décide-toi vîte, et si tu prends le bon parti, si tu change enfin d'opinion, nous serons amis, comme nous avions toujours été.

Jérome. D'après ce que tu viens de me raconter tout-à-l'heure, il faut en vérité que tu me croye bien bête pour penser que tous tes honnêtes gens de nouvelle fabrique oublieroient jamais ce que j'ai été ; et toi, il faut que tu aye bien changé de ce que je t'ai vu, pour n'avoir pas éclaté et montré de suite combien tu étois indigné d'entendre de pareilles horreurs ! Oui, j'aimerois mieux, moi, habiter avec les animaux les plus féroces, que de vivre avec de tels hommes, qui s'entretiennent aussi froidement d'atrocités, et semblent organiser eux-mêmes, au nom de l'honneur et pour la plus grande gloire du Dieu de paix qu'ils outragent et qui les réprouve, les assassinats, les égorgemens, les massacres qui se font de toutes parts. Oui, ils sont pires que

---

fût dans la plus affreuse désolation ; par-tout ce n'étoit que proscriptions et échaffauds, par-tout ce n'étoit que des larmes et du sang. Quel exemple ! Rois, dieux de la terre, maîtres des hommes, votre vengeance..... elle est terrible.

les loups voraces, qui surprennent et égorgent les doux et paisibles agneaux ; car enfin, c'est le besoin qui excite les uns à être cruels, tandis que le seul esprit de vengeance, une haine implacable et sanguinaire, portent les autres à tremper ou à faire tremper, à la faveur des ténèbres, les mains dans le sang de leurs semblables.

(Ici, s'étant arrêté un moment, Jérome reprend avec expression :)

Je ne crains point, et je ne puis trahir ma pensée ; vas donc aussi leur reporter, si tu veux, ce que je vais te dire. Ils m'égorgeront peut-être.... ils boiront mon sang dont ils sont sans doute altérés..... eh bien ! tant qu'il me restera le souffle, je ne cesserai de le répéter encore : oui, j'aime la liberté, celle qui consiste à n'obéir qu'aux lois, et non celle qui, en ne faisant que ce que l'on veut et ce qui plaît, ne conduit qu'à la licence, à l'insubordination, à l'anarchie ou à la guerre civile. Oui j'aime le gouvernement républicain, celui qui, remis entre les mains de sages gouvernans, fait la félicité des peuples, et non celui qui, abandonné à la fureur des partis, fait et ne fera jamais que les malheurs du monde. Vive la liberté ! vive le gouvernement républicain !

(*Après cette exclamation , animé de l'a-*
mour le plus pur pour sa patrie , et l'ame
sans doute affligée des malheurs qui la me-
naçoient encore , Jérome , avec un ton bien
pathétique , un accent qui représentoit tout-
à-la fois sa douleur et sa sensibilité , con-
tinue ainsi) :

O mon pays! deviendrois-tu encore la proie
d'hommes qui ne méditent que de nouveaux
carnages, que de nouvelles horreurs, et, pour
mettre à exécution leurs abominables com-
plots, ne cherchent qu'à égarer, qu'à séduire ,
par toutes sortes de moyens , la portion du
peuple la plus ignorante ou la plus corrom-
pue ! O mon pays ! jusques à quand. . . . .

Grégoire. Jérome , je me rappelle encore
bien des choses ; si tu veux finir tes lamen-
tations , je vais continuer.

Jérome. J'ai l'ame si triste! je suis si trou-
blé ! Pardonne-moi, Grégoire, mais je ne sais
si je vais bien t'entendre.

Grégoire. Toujours attentif à ce qu'ils disoient , je ne perdois pas un mot de leur entretien. J'entendis encore qu'ils en vouloient
beaucoup à tous les protestans , comme ennemis jurés de la religion romaine et zèlés parti-
sans du régime républicain; mais ceux à qui
ils en vouloient le plus , c'étoit à tous les
prêtres qui avoient eu la lâcheté , la bassesse

et la témérité de prêter serment d'être fidelles à la nation , à la loi et au roi, de veiller sur tous les fidelles qui leur étoient confiés , et de maintenir de tout leur pouvoir la constitution. Ils rirent beaucoup de les voir aujourd'hui abandonnés , et se promirent bien d'achever de les détruire , et sur-tout de réserver pour les derniers supplices les *intrus*, ceux qui avoient remplacé les vrais ministres, et par-là commis le plus grand des crimes et les plus grands sacrilèges ; qu'ils étoient anathême. Ils dirent ensuite qu'ils prendroient tous les moyens possibles pour anéantir toute la gent chicannière, qui n'étoit, disoient-ils , presque toute composée que d'êtres remuans , dangereux , intrigans , schismatiques ou systématiques , je ne suis pas bien sûr du mot. Ils observèrent seulement qu'ils useroient de quelque indulgence pour ceux qui auroient été les défenseurs officieux des *chouans* détenus , quoiqu'en partageant les fruits de leurs travaux nocturnes, ils n'en eussent point partagé les dangers. Après cela ils parlèrent des vendémiairistes , sur-tout de ceux qui avoient mené les sections. Ils les appeloient les bons amis du trône, et dirent que ces M[rs]. sauroient bien retrouver tous ceux qui à Paris avoient fait échouer leurs projets, ainsi que tous les auteurs et acteurs des 14 juillet, des 6 octobre , des 10 août, des 21 janvier , des 31 mai , des 9 thermidor , etc. etc. ; qu'ils en vouloient à tous ceux qui avoient figuré (ils dirent ce mot-là , je m'en souviens bien) dans tous les mouvemens, pour quelque parti que ce fût , parce qu'ils se défioient de tous ces révolutionnaires , et regardoient comme contr'eux tous ceux qui, dans tous les temps , n'avoient pas été directement pour eux; enfin qu'ils retrouveroient bientôt , même la constitution à la main , les moyens de s'en venger , si d'abord il étoient forcés de ne pouvoir révolutionner que constitutionnellement. A la suite de ceci , ils ajoutèrent que si , lors des élections , ces mêmes messieurs prévoyoient être les plus foibles et ne pouvoir l'emporter , ils étoient convenus , en attendant une occasion plus favorable, de faire semblant de se réconcilier avec tous les partis; qu'ils proposeroient même de fermer les yeux sur le passé , et de tout oublier pour sauver, diroient-ils , tous ensemble leur malheureux pays , déchiré depuis trop long-temps par la fureur des partis, qui le précipitoient de plus en plus vers son entière destruction.

(*Pendant que Grégoire prononçoit encore ces grands mots , Jérôme , ne pouvant sans doute retenir davantage son indignation , se*

lève brusquement, et sort sans lui rien ré-
pondre.)

Le temps s'étoit éclairci ; je sors également pour regagner mon habitation, bien étonné de voir qu'il existât des hommes aussi cruels et aussi fourbes que ceux dont je venois d'entendre parler.

A ces récits, peuples de la terre, me disois-je en regagnant mes foyers, à ces récits ne sentirez-vous jamais que, jouets éternels des passions des grands, vous n'êtes tous que d'aveugles et d'infortunés instrumens dont ils ne se servent que pour satisfaire à leur ambition ou à leur vengeance ? Ne sentirez-vous jamais qu'ils ne sont tous forts que de votre propre force, ne troublent la tranquillité des états qu'en troublant votre propre tranquillité, ne répandent le sang qu'avec votre propre sang, en un mot qu'ils ne sont que vos bourreaux, vos orgueilleux sacrificateurs, et que vous n'êtes tous que leurs malheureuses et méprisables victimes (1) ?

____

(1) » Le peuple est peuple ici comme à Paris, écri-
» voit-on encore au conspirateur Lemaître ; il souffre avec
» patience, et c'est tout. Je ne sais quand le désespoir
» viendra ; ce seroit pourtant bien nécessaire. En l'atten-
» dant, salut ».
(*Pag.* 69, n°. 45 *même correspondance citée*).

Pour prévenir leurs desseins perfides , ma-
gistrats du peuple qui , par la nature de vos
fonctions , êtes chargés de former l'esprit pu-
blic et de faire exécuter les lois , éclairez la
raison des hommes , travaillez à détruire les
passions contraires à l'intérêt des autres, *homo
sum;* appliquez-vous , mettez en pratique ce
beau vers de Térence que lui dicta le senti-
ment; tuez le crime par-tout où vous le trou-
verez , tel est votre devoir , telle est la tâche
que vous avez à remplir , tels doivent être vos
principes.

Et vous , peuple français , pour éteindre
les feux de la discorde et anéantir à jamais
les causes destructives de l'ordre social et du
bonheur des citoyens, vous n'avez qu'un seul
moyen, c'est de vous rallier, quelles que soient
vos opinions religieuses ; c'est de vous rallier
tous et constamment autour de la constitution , votre seule égide ; c'est de ne plus de-
mander à l'avenir d'autre forme de gouvernement ni même d'autre constitution (1). S'il

____

(1) Au commencement de la révolution, il n'étoit ques-
tion que de faire quelques réformes et quelques nouveaux
règlemens. Mais si par-tout l'on réformoit les états et si on
les régloit comme on l'a fait en France , où l'esprit de parti,
l'ignorance et la cupidité ont causé les plus grands maux, ne
pourroit-on pas s'écrier avec Balzac : » Bien heureux ceux
» qu'on laisse dans la corruption et le désordre » !

n'en étoit ainsi, que de sang seroit encore à répandre! Contentez-vous donc de l'acte constitutionnel que l'on vous a présenté et que vous avez reçu ; qu'il soit votre boussole, et, pour que désormais il n'y soit porté aucune atteinte par des mains impies , ne choisissez jamais dans toutes vos élections que des hommes qui le respectent et qui soient intéressés à sa conservation ; autrement qui oseroit répondre à la suite de la sûreté de personne? Qui oseroit même répondre de la sûreté de ceux qui triompheroient d'abord de revoir un nouvel ordre de choses ? car n'est-il pas de fait qu'il n'y a plus de sociabilité entre les citoyens , lorsque le contrat qui les lie entr'eux cesse d'exister , et que les lois qui en émanoient sont entièrement méprisées ? N'est-il pas de fait encore, que, jusqu'au rétablissement de l'ordre espéré , chacun rentre dans l'état de nature , et que de par la nature, chacun a le droit de se venger des maux qu'il a soufferts , qu'il souffre ou craint de souffrir, sur tous ceux qu'il en croit être les auteurs ou présume le devenir ; que par-tout enfin l'on ne voit plus que des tyrans qui d'oppresseurs deviennent opprimés, et d'opprimés redeviennent oppresseurs ?

Insensés , qui demandez encore des révo-

lutions , n'avez-vous pas assez appris que révolutionner chez un peuple facile à séduire ,
c'est livrer l'homme franc et loyal à la mer-
ci de l'intrigant hypocrite ; que révolutionner chez un tel peuple , d'après les tristes
exemples que vous en avez tous les jours
et presque sous vos yeux , c'est abandonner
l'homme doux et paisible à la violence des
hommes à passions fortes, ces hommes , qui,
au risque de renverser tout ce qui se rencontre sur leur passage , se lancent avec au-
dace par-tout où ils trouvent à satisfaire
leur ambition ou leur cupidité ? ne voyez-
vous pas enfin qu'y révolutionner, c'est abandonner tous les bons citoyens à la fureur
de hordes de sauvages , qui , n'ayant plus
de frein qui les retienne , ne reconnoissent
pour dieux que leurs passions , et pour
lois que leurs mouvemens déréglés, mouvemens qui les portent tantôt aux excès les
plus inouis , aux brigandages les plus révol-
tans , tantôt aux meurtres les plus affreux ,
ou aux vengeances les plus éclatantes ?

Quand une fois les liens de la société sont
rompus que les chaînes du crime sont
brisées , que les devoirs sont méconnus et
tous les droits anéantis, quel désordre, grand
dieu ! ici, c'est un bouleversement total , là

un débordement effrayant , ailleurs c'est un déchirement horrible, un cahos épouvantable.

Français, non, non , Français , vous n'êtes point encore perdus. Voulez-vous donc vous sauver du milieu des écueils où la tempête vous a jetés ? je ne cesserai de le répéter : élancez-vous tous dans le vaisseau de la constitution. Mais, puisqu'il est au milieu de vous des hommes qui ne cherchent qu'à détruire leurs semblables pour se gorger de leur sang , ne veulent à leur tour vivre que de rapines , de désastres , et ne s'enrichir que du naufrage des autres, tremblez, citoyens paisibles , simples et sans fard ; soit que vous teniez , ou non , à la révolution , craignez que ces nouveaux êtres malfaisans ne parviennent à s'emparer du gouvernail ou à se saisir des voiles. Et vous , dont l'ame toute républicaine est jalouse d'habiter une terre libre , jusqu'à la tranquillité intérieure et la paix avec les puissances étrangères , croyez que le génie de la liberté ne présidera à la manœuvre du vaisseau , qu'autant que , pour le conduire , vous ne choisirez que de sages pilotes et de bons marins , qui tous soient directement intéressés à le faire voguer vers le port désiré.

Telles furent les réflexions que je fis après

l'entretien de Grégoire et de Jérome : puis-
sent-elles ne pas déplaire aux lecteurs.

Comme je rentrois chez moi, je fis encore
cette réflexion que je me rappelle et que j'ai
répétée bien des fois depuis :

De l'union la force ; de la bonne intelli-
gence la paix ; de l'attachement du peuple
au gouvernement républicain , la république.

A CAEN , de l'imprimerie de BOULLAY-MALASSIS ,
Imprimeur, place de la Justice.